Alexandra Jabinger

BUNT GEFRORENE SCHMETTERLINGE

Lyrik im Kaleidoskop des Lebens

AF286054

Alexandra Jabinger

BUNT GEFRORENE SCHMETTERLINGE

Lyrik im Kaleidoskop des Lebens

Books on Demand GmbH
Norderstedt

Bibliographische Information Der Deutschen Bibliothek:
Die Deutsche Bibliothek verzeichnet diese Publikation in der
Deutschen Nationalbibliographie; detaillierte bibliographische
Daten sind im Internet über http://dnb.db.de abrufbar.

Herstellung und Verlag:
Books on Demand GmbH
Norderstedt

ISBN 978-3-8370-0444-1

BUNT GEFRORENE SCHMETTERLINGE

Lyrik im Kaleidoskop des Lebens

Inhalt

SCHMETTERLINGE

Erlebnisse und Erfahrungen
flattern durch meine Gedanken
schillernd wie Schmetterlinge

ich möchte sie festhalten
mich an sie erinnern
als leuchtend bunte Strahlen

sie sind unbezähmbar
leicht, beschwingt und frei
beseelen meine Phantasie

AUFBRUCH

ABSCHIED UND ANFANG

aller Abschied
ist schwer

aller?

Abschied
von lieben Menschen
von schönen Erlebnissen
von freudigen Zukunftsträumen
verursacht Schmerzen und zerreißt Hoffnungen

Abschied
von vertrauten Gewohnheiten
von überkommenen Strukturen
von alten Zöpfen
tut - bewusst angegangen - häufig gut

Abschied
bedeutet Trennung
von Spreu und Weizen
von guten und wertlosen Dingen
von Vergangenheit und Zukunft

der Schritt
von der Vergangenheit
in die Zukunft
geschieht in der Gegenwart

also bedeutet
Abschied
hier und jetzt
immer auch
Anfang
hier und jetzt

aller Anfang
ist schwer ...

... aller?

WARTEN

warten
auf den Hinweis
der ausbleibt
oder doch kommt

unsicher sein
selbst zu handeln
oder lästig zu fallen
und es bleiben zu lassen

warten
oder die Gelegenheit beim Schopf packen

warten
oder sein Glück selbst in die Hand nehmen

AUF UND DAVON

auf und davon
würde ich gerne gehen
weit weg
wo niemand mich kennt
wo ich nochmals von vorne anfangen könnte
ohne auf eine Rolle festgelegt zu sein

auf und davon
würde ich mich gerne machen
innerlich lösen
von den Ängsten
um neu zu leben zu beginnen
ohne mich selbst zu beschränken

das Problem -
mich selbst
habe ich
immer dabei

FREU DICH

freu dich
denn du bist schön
jede Faser an dir
erfüllt ihren Zweck
jede Zelle in dir
ist ein kleines Wunder
jedes deiner Organe
folgt dem großen Plan

freu dich
denn du bist schön
jedes Gefühl in dir
erweckt dich zum Leben
jede deiner Erfahrungen
macht dich stark
jeder neue Gedanke
trägt bei zur Reife

freu dich
denn du bist schön
jede intensive Tat an dir
wirkt vollkommen
jeder Ausdruck deines Herzens
trägt Anmut in sich
jede deiner Wissensweitergaben
verbreitet Licht um dich

freu dich
denn du bist schön

aus dieser Freude
schöpfe Kraft
für
dein
eigenes
Wachstum

AUSSER MIR

außer mir sein
vor Wut
vor Aufregung
vor Hass
vor Freude

außer mir sein
manchmal wünsche ich mir das
mich zurücklassen zu können
mich an der Garderobe abzugeben
Urlaub zu haben von mir

mich beobachten zu können
wie eine Romanfigur
aus der Vogelperspektive
den zu gehenden Weg zu sehen

außer mir sein
die Seele befreit
gelöst von Verstand und Emotion
eben außer mir

irgendwann
wird es
so weit sein

wenn ich eingegangen bin
in mich
in den ewigen Augenblick
in die unendliche Endlichkeit
des Seins

wenn ich
in mir bin

ZIEL

du hast jetzt
das Fadenkreuz
des Lebens
ins Visier zu nehmen

um
deine Aufgabe
im Leben
zu erfüllen
und
ans Ziel
deines Lebens
zu gelangen

VON NEUEM

immer wieder
von vorne beginnen
regelmäßig
bei Nichts anfangen
ständig
den Kampf neu eröffnen

nicht aufgeben
durchhalten
nicht lockerlassen
am Ball bleiben
nicht kapitulieren
weitergehen

jeden Tag
von Neuem

STERNENSTAUB

grauer Himmel
dahinter die Sterne

Sterne
in meiner Vorstellung
sind sie dort
funkeln und strahlen
unabhängig
von den Kleinlichkeiten hier

so
gehören die Lichter
auch bei Regen
in meine Wirklichkeit
die durch mein Bewusstsein
geformt wird

Wasser und Licht
lassen die Pflanzen
in meinem Inneren
wachsen und gedeihen
unabhängig
von den Launen des Himmels

sind die Sterne da,
weil ich mir ihrer bewusst bin?
enstehen sie erst dann,
wenn ich mir ihrer bewusst werde?
oder sind sie zuerst da,
ehe sie in mein Bewusstsein dringen?
existieren sie nur in meinem Bewusstsein,
sind sonst nicht sichtbar?

verdichtete kosmische Strahlung
verleiht mir
Ideen
Wünsche
Seelenregungen

die mich mit den Sternen in Verbindung bringen
ebenso geheimnisvoll
ebenso unerklärlich
ebenso unsichtbar
und doch
bewusst
reell
substantiell

Gedanken, die Form annehmen
materialisierte Gedanken
anregende
geisterweiternde
erfüllende Gedanken

beim Betrachten der Sterne
öffnet sich mein Geist
erhebt sich meine Seele
weitet sich mein Bewusstsein
labt sich an kosmischen Dimensionen
an der Unbegreiflichkeit der Unendlichkeit
an den Weiten des Raumes
steigt auf
zum kosmischen
Sternenbewusstsein

Kosmos und Bewusstsein
beides unbegrenzt
sich ständig weitend
von Lichtern durchsetzt

Mensch
sei Stern
und werde
dir
bewusst

ENTWICKLUNG

Schritt für Schritt
schreite ich fort

entwickle
meine Fähigkeiten
meine Meinung
mein Selbst

verwickle mich
in Ängste
Sehnsüchte
offene Fragen

so
dass ich nicht mehr weiterschreiten kann
sondern
über die selbst gespannten
versponnenen
verwobenen
Fäden stolpere
nicht weiter weiß
den Weg nicht sehe
das Ziel aus den Augen verliere

je mehr
ich mich zu befreien versuche
desto mehr
verstricke ich mich

werde
nervös
panisch
beginne zu toben
oder
werde
apathisch
mutlos
warte ab

und hoffe doch darauf
die Kraft zu finden
Schritt für Schritt
die Fäden
zu entwirren
die Verwicklung
zu ent-wickeln

um am Ende
meines Lebens
den entwickelten Lebensfäden
nachzuspüren
die entwickelten Lebensfäden
nachzuverfolgen
der Entwicklung
zu folgen

und
mich
über die
ent-wickelte
Ver-Wicklung
zu freuen

VON MIR AUS

von mir aus
kann die Welt ruhig zugrunde gehen
die Umwelt verfaulen
die Gesellschaft verrotten

von mir aus -
mir doch egal
wenn es mir nur gut geht
ich meinen Spaß habe

von mir aus
könnte aber auch ein Licht gehen
das aufmerken und hoffen lässt
auf eine lebenswerte Welt

UNVOLLSTÄNDIG

heute
fühle ich mich
so unvollständig

als hätte ich
unterwegs etwas verloren
das wichtig war
und an das ich mich
noch nicht einmal mehr
erinnern kann

Leere macht sich in mir breit
ich grübele nach
und komme nicht darauf
dass es vielleicht einfach
die Lebensfreude
sein könnte

ALLEIN

in den
entscheidenen Augenblicken
seines Lebens
ist der Mensch
allein

Geburt
Entscheidung
Schmerz
Tod

auf sich gestellt
die Grenzen auslotend
die Kräfte erkennend
das Wesentliche lernend
allein

SEHENSWERT

sehenswert
Schloss Neuschwanstein
Gartenreich zu Wörlitz
Ulmer Münster

sehenswert
Hummel in der Blumenwiese
Tautropfen im Spinnennetz
junge Katze im Gras

sehenswert
wie sehr
die kleinen Dinge
mich verändern

FLÜGEL

auf den Schwingen des Adlers
vermag deine Phantasie
sich in die Lüfte zu erheben

du erfährst die Lust am Fliegen
und hättest selbst gerne Flügel

sie können dir wachsen
wenn du den Mut findest
dich vom hohen Felsen zu stürzen
und von der Atmosphäre tragen zu lassen

23

AUFBRUCH

Aufbruch
ins Ungewisse

positiv gespannt
freudig aufgeregt
begeistert bewegt
stürze ich mich hinein
in dieses Abenteuer

jede Knospe
wird zur schönen Blüte
wenn sie aufbricht

FRÜHLING

lachen, weinen, fröhlich sein
Kinder tanzen Ringelreih'n
Blumen blühn im grünen Gras
„Schmetterling, erzähl mir was!"

Menschen gehen Hand in Hand
über fast gefrornes Land
spüren Sonne im Gesicht
ihre Augen sind ganz licht

Aufbruch liegt hell in der Luft
ein Hauch nur noch von Winterduft
Leben regt sich allenthalben
und am Himmel ziehen Schwalben

bunter Frühling, nimm mich mit
mach mich für dies Leben fit
lass mich teilhaben daran
dass ich mit dir lachen kann

SCHATTENSPIEL

die Schatten kommen herangekrochen
unaufhaltsam, leise, bereits seit Wochen
nähern sich bedrohlich und beständig
sind träge, zugleich flink und wendig
möchten in mir mein Ich erdrücken
wollen meinen Willen und Lebensmut ersticken
mir höllische Angst und Pein einjagen
diese tiefe Trauer – nicht zu ertragen

da öffnet meine Seele sich
nimmt Nahrung auf und neues Licht
wird wie das Meer so unendlich weit
man denkt an mich, auch über die Zeit
war nicht verloren und vergessen
eher von qualvollem Wahn besessen
bin nicht zurückgelassen und allein
vielmehr versteckt vor dem lebendigen Sein

dieses erkennend fasse ich Mut
lebe meinen Schmerz und meine Wut
finde zurück zu den Wurzeln der Kraft
trinke begierig den stärkenden Saft
verwandle die Trauer in freudvolles Glück
blicke nur vorwärts und nicht zurück
brauche die Schatten um das Licht zu sehen
brauche den Antrieb um voran zu gehen

lerne dazu und entwickle mich fort
wandere kräftig von Ort zu Ort
habe den Zugang zur Quelle gefunden
die Schatten sind da und dennoch gebunden
erinnern mich stets an vergangenen Schmerz
tragen mich weiter und stärken mein Herz
nein, ihr Schatten fresst mich nicht ...
... ich wache auf und verbreite Licht

LEBEN

SONNE

Morgensonne
strahlend
vor dem Horizont
frisches Morgenlicht
die Welt ersteht neu
zaubert unberührte Hoffnung in mein Herz
fühle mich jung

Mittagssonne
glühend
über dem Horizont
heiße Leuchtkraft
sorgt für Assimilation und Schatten
trocknet aus und versengt
erinnert mich an Vergängnis

Abendsonne
flimmernd
hinter dem Horizont
dämmernde Helligkeit
lässt Traumfiguren entstehen
weitet Gedanken und Bewusstsein
bin sehnsüchtig und frei

Nachtsonne
unsichtbar
versteckt am Horizont
flimmernde Dunkelheit
regt Phantasie und Ängste an
bringt Ruhe und Geborgenheit
werde müde und schlafe ein

RAUS

"ich will raus hier!"
brüllte er
trat vor die Tür
und war mitten drin
im Abenteuer
des Lebens

NETZ

Netze knüpfen
Knoten lösen

ein Auffangnetz haben
ein Lebensnetz spinnen

weich
elastisch
stabil
fest

federnd
luftspringend
rettend
haltend

ich arbeite daran

GEFÜHL

Gefühl
geh – und fühl

GRUSS

gehe
lächelnd
mit erhobenem Kopf
durch den Tag

und
das Leben
wird dich grüßen

MENSCH SEIN

Mensch sein
bedeutet
Fehler zu haben
Schwächen einzugestehen
Perfektionismus zu verfehlen

Mensch sein
bedeutet auch
die Fehler Anderer anzunehmen
die Schwächen Anderer zu respektieren
Andere auf ihrem Weg zu stärken

Mensch sein
bedeutet
die Bereitschaft sich hinzugeben
nicht über Anderen zu stehen
in Jedem das Besondere zu sehen

das Menschsein
trägt Mineral-, Pflanzen- und Tierreich in sich
schade nur
dass wir es so oft vergessen

31

DAS LEBEN GEHT WEITER

das Leben geht weiter
es ist stark
findet seinen Weg
Urkraft und Schöpfung
Geist und Gewalt

das Leben geht weiter
auch wenn es nicht so scheint
gerade wenn es schwierig ist
spannungsreich
interessant
neu

das Leben geht weiter
Altes bricht auf
bringt Neues hervor
lässt sich nicht besiegen
glaubt an sich
muss nicht an sich glauben
hat Kraft aus sich

das Leben geht weiter
altbekannter Satz
oft verwendet
missbraucht
die tiefe Wahrheit verkannt
das Leben geht weiter
was auch geschieht
dir
mir

das Leben geht weiter
mein Leben
dein Leben
unser Leben?
das Leben teilen?
das Leben leben!

das Leben geht weiter
die Gewissheit gibt Mut
für ungewöhnliche Schritte
den Glauben an Danach
ein Vorwärtsschreiten
geboren aus dem Jetzt

das Leben geht weiter
ensteht aus Trümmern
bildet unbekannte Formen
formt unbekannte Farben
färbt unbekannte Strukturen
schillert
wird zauberhaft
und
erst recht
lebenswert

RAUM

Räume durchfliegen
Zeiten durchmessen

im unendlichen Raum
die Gedanken schweifen lassen
ungebunden
frei

im kleinsten Raum
ist Platz
für Größe

VERDAMMT

verdammt

Dämme aufgebaut
um dich herum
die
den Strom leiten
die Brandung zurückhalten
die Energie begrenzen
um
irgendwann
dennoch
einzubrechen
Zerstörung zuzulassen
Unheil zu stiften

verdammt

eingedämmt

hättest du dich
dem Leben gestellt
wärst du
frei gewesen

verdammt

TÄUBCHEN

die dreckige Taube da unten
im Schmutz pickend
Seuchen übertragend
mit nervösem Kopf
aufregend gurrend

wer weiß
ob es nicht die Friedenstaube ist?

ALLES ZU SEINER ZEIT

alles zu seiner Zeit
zu wessen Zeit?

zu meiner Zeit?
zu deiner Zeit?
zu unserer Zeit?

wann ist unsere Zeit?
bemerken wir, wenn sie da ist?

alles zu seiner Zeit
der Zeitpunkt wird also kommen
zu dem wir die Antworten finden

hoffentlich
ist es dann
nicht zu spät

NEBEN

ich stehe neben mir
fülle meinen Körper nicht aus
kann ihn nicht gut spüren
er vermag mir nichts mitzuteilen

ich bin völlig daneben
mein Geist ist ausgelaugt
weiß meine und fremde Welt nicht zu vereinen
meistere nur die Routine

ich befinde mich nebenan
habe meine Seele zurückgelassen
sie distanziert sich
möchte sich verbergen

deswegen
legt mein wahres Ich
heute eine Ruhepause ein
neben mir

KLEIN UND GROSS

klein die Blumen in der Wiese
groß der Wald in der Ferne

klein der Spatz in der Hecke
groß die Häuser hinter ihm

klein der Glückspfennig auf der Straße
groß der Horizont darüber

klein der Farbtupfer im Gesicht
groß der schillernde Regenbogen

klein der Tautropfen im Spinnennetz
groß das weite salzige Meer

klein mein Leben
groß das Firmament über mir

ich freue mich
mein Herz quillt über
zerspringt fast
vor lauter Glück
all dies erleben
wahrnehmen
in mich aufnehmen zu dürfen

und
ein Teil davon
zu sein

POSITIV

Vieles
kann
positiv
sein

das Positiv eines Photos
ein positives Erlebnis
das Positiv eines Gipsabdrucks
eine positiv verlaufende Schwangerschaft
das Positive an einer dummen Angelegenheit
ein positiver Gedanke
oder auch
HIV-positiv

immer
wird jedoch
zur Existenz
eines Positivs
das Negativ
benötigt

ROLLENSPIEL

ich spiele meine Rolle
gehe darin auf
vermag nicht zu entkommen

du kennst deine Rolle
in- und auswendig
kannst dich nicht daraus befreien

komm
lass uns ausbrechen
aus diesem Theaterstück
aufbrechen
in eine neue Welt

DEMUT

demütig
knie nieder
vor dem Wunder
des Lebens

du wirst
seine Größe
als deine Größe
erkennen

ABSEITS

abseits
des Weges
blühen die schönsten Blumen
lauern die größten Gefahren
locken die fabelhaftesten Wunder

um abseits
des Weges
zu gelangen
muss ich
über den Tellerrand sehen
mich nach außen wenden
fehltreten

selbst
ins Abseits
gestellt
kann ich mich entscheiden
ob ich zurückkehren will
in den großen Strom
oder
abseits
vielleicht einsam
mein eigenes Leben
vollbringen

LEBENSLUST

lustig
durchs Leben gehen

fröhliche Lippen
lächelnde Augen
freundliches Gesicht

gütiger Blick
offenes Herz
zarte Hände

Lebenslust verspüren
mit jedem Herzschlag

UNBESCHRIEBENES BLATT

zu Beginn
lag mein Leben vor mir
weiß wie ein unbeschriebenes Blatt

jetzt
habe ich einen Teil meines Lebens
bereits gelebt
strebsam und zurückhaltend
mit Höhen und Tiefen
kleinen Erfolgen und großen Tiefschlägen
glücklichen Momenten und Enttäuschungen
dennoch nicht
wirklich intensiv
leidenschaftlich
bewegt

mittlerweile
bin ich
kein unbeschriebenes Blatt mehr
dennoch – so richtig bunt
wurde das Papier noch nicht

39

EISKALT

kalt wie ein Fisch
bist du
sagt man

unnahbar wie ein Eisblock
bist du
sagt man

um dich herum
erstarrt das Leben
zu bizarren Formen gefroren

wie viel Feuer
wird wohl nötig sein
um
das kristallisierte Leben
aus dir
herauszutauen?

AUSDRUCK

Ausdruck
meiner Selbst
meiner Persönlichkeit
durch meine Stimme

Ausdruck
meiner Gedanken
meiner Gefühle
durch meine Worte

Ausdruck
meiner Freude

meiner Zufriedenheit
durch mein Lachen

Ausdruck
meiner Trauer
meiner Schmerzen
durch meine Tränen

Ausdruck
meiner Zerrissenheit
meiner Selbstzweifel
durch meinen Tanz

durch meinen Ausdruck
hinterlasse ich Spuren
öffne Herzen
mache verständlich

ohne Ausdruck
bleibe ich allein
unverstanden
unzufrieden

sprich!
schreibe!
lache!
weine!
tanze!

aus der Verbindung
entsteht das Gesamtbild
das mich ausmacht

ich muss mich ausdrücken
um zu sein
um ich zu sein
um überhaupt zu sein

Ausdruck
erzeugt Eindruck

VOM WESEN DES LEBENS

"Erklär mir das Leben!"
sagte das Kind

da sprach der Vater
"Sieh den Bussard dort in der Luft.
Betrachte die Blumen auf dem Feld.
Nimm den Fisch im Wasser.
Lausche dem Knistern des Feuers.
Höre, was der Wind dir zu sagen hat.
Taste über trockene Borke.
Fühle dich in Menschen hinein,
in fröhliche und traurige.
Lass deine eigene Freude
und deinen eigenen Kummer zu."

und er sprach weiter
"Lass dich auf all dies ein,
versenke dich in die vier Elemente.
Spring auf, tanze, lache und freue dich.
Wenn dein Herz
sich dann zufrieden und voll anfühlt,
dann hast du das Wesen des Lebens begriffen."

"Hält mein Herz das aus?"

"Dafür ist es gemacht, mein Kind.
Es pulsiert mit dem Leben,
wird stärker und freier.
Nur ein beanspruchtes lebendiges Herz
vermag
dir das Wesen des Lebens näher zu bringen
und dich glücklich zu machen!"

"Und was ist
mit den schmerzhaften Erfahrungen?"

"Auch diese kräftigen dein Herz.
Es wird elastischer und aufnahmefähiger.

Du musst es nur zulassen.
Lerne!
Auch die Weiterentwicklung
gehört zum Wesen des Lebens.
Wer sie vernachlässigt,
kann im Sturm nicht bestehen."

"Das Leben scheint groß und gefährlich,
ich bin klein.
Nimm mich in den Arm."

der Vater setzte den Jungen auf seinen Schoß
"So, wie ich dich jetzt im Arm halte,
so trägst du die ganze Welt in dir.
Lebe dieses Leben voll und ganz,
glaube an dich -
und du wirst groß werden
wie das Leben selbst."

LIEBE

LIEBE

LIEBE

lieben
verlieben
totlieben
sich lieben
selbst lieben

liebevoll
beliebt
geliebt
selbstverliebt

zornige Liebe
wütende Liebe
verzweifelte Liebe
platonische Liebe
Leidenschaft

was macht Liebe aus?
dass ich selbst spüre?
dass ich erspürt werde?
dass ich mich fallen lasse?
mich gehen lasse?
dich gehen lasse?
dich fasse, erfasse und loslasse?
dich in mich aufnehme?
damit du immer bei mir bist?
dir Fesseln anlege?
dich in deiner Freiheit stärke?
dir die Sterne hole?
oder sie dich selbst erkunden lasse?

Liebe
selbstlos
bedingungslos
frei

wo gibt es das?
bin ich stark genug dafür?

NEBENBEI

"Nebenbei,"
sagte sie
"ich liebe dich."

Stille.

neben was?
neben wem?
wobei?

nebenbei
kann man nicht lieben
Liebe
geht nur ganz
oder gar nicht

nebenbei zu lieben
ist geteilte Liebe
ist betrogene Liebe
ist nicht gelebte Liebe
ist Nicht-Liebe
ist tote Liebe

ist totes Potential
ist tote Wirklichkeit
ist totes Leben

sie
meinte es nicht so
wollte es ihm sagen
und traute sich nicht ganz
war nicht wirklich sicher
wie es ankommen würde
ob sie sich lächerlich machen würde
ob sie verletzte werden würde
ob sie stark genug dafür wäre

ja
Liebe verletzt

macht schwindelig
kennt keine Rücksicht
deswegen
ist sie frei
ungeheuer stark
und beflügclt

nun
hat sie zu lernen
dass Liebe
Liebe ist
oder nichts

denn
mit diesem Satz
tötete sie
die Liebe
in ihm
nebenbei

MANN UND FRAU

Mann und Frau
Yang und Yin
Feuer und Wasser

geben und nehmen
spenden und bewahren
sprechen und zuhören

kräftig und ausdauernd
spontan und ruhig
wechselnd und beständig

Dualitäten des Daseins
gewohnt
und ungeheuer spannungsreich

ES TUT WEH

es tut weh
dem anderen Menschen
den ich so gern habe
sagen zu müssen
dass es so nicht weitergehen kann

es tut weh
zu spüren
wie der andere Mensch
den ich so gern habe
wegdriftet von mir

es tut weh
zu bemerken
dass ich dagegen
nichts tun kann
hilflos

es tut weh
zu verspüren
dass da etwas passiert
zwischen uns
was niemand wollte

es tut weh
sich all der schönen Zeit
gewahr zu werden
die war
und die noch sein könnte

es tut weh
zu erleben
wie das tolle Gefühl
sich durchsetzen möchte
nicht ankommt gegen den Verstand

es tut weh
der ganze Körper schmerzt
als Ausdruck der Unfassbarkeit

die Seele versucht zu begreifen
und schafft es nicht

es tut weh, wird weiter weh tun
es wird schlimmer werden, nicht einfacher

warum
tun wir uns das an?

VERGEBEN

ich
habe dich
um Vergebung gebeten

du
konntest nicht vergeben
warst zu tief verletzt

die Chance
vergeben

ERSTICKT

tagelang
habe ich nun
diese wuchernde Pflanze
der Emotion
in mir
zu ersticken versucht

vergeblich -
die Grünkraft des Lebens
ist stärker
als ich

KURZ GESAGT

schenkt Liebe
statt
überflüssiger Worte

GRUNDLOS

grundlos
verlässt du dich
auf mich
einfach so
voll Vertrauen
schön zu spüren

grundlos
verlässt du mich
ebenfalls
einfach so
voll Hass und Wut
schrecklich zu erkennen

grundlos
falle ich
im freien Sturz
endlos lang
harter Aufprall
tobt unendlich

grundlos
hört mein Leben
nicht einfach auf

grundlos?
nein
es gibt noch
eine Aufgabe
zu erfüllen

REGENBOGEN

schillernd
transparent
farbenprächtig
mein Regenbogen

fern
unnahbar
geheimnisvoll
mein Regenbogen

Phantasie anregend
Träume bewahrend
Schätze versprechend
mein Regenbogen

mein Regenbogen
gehört dir
genauso
wie mir

ich teile ihn gern
wir haben beide
Platz darunter
wenn du willst

GRUNDSATZ

es gibt
nur einen
Grundsatz
nur einen
grundlegenden Satz

liebe
das Leben

GLAUBE, HOFFNUNG, LIEBE

glaube
an die Liebe
und du wirst
die Hoffnung
nie verlieren

DU

du
lässt meine Knie zittern
meinen Blick wanken
meinen Magen rebellieren

du
reißt Mauern nieder
setzt Gedanken frei
gibst Kraft und Mut

du
gehst auf mich zu
teilst dein Ich mit mir
lässt mich teilhaben

du
versuchst mich zu verstehen
musst dein Ich nicht schützen
baust mit mir gemeinsam

hört sich aufregend an
und ist wunderschön

ICH UND WIR

ich bin ich
und du bist du

sobald wir zusammen sind
sind wir wir

dumm ist
dass es
anscheinend
entweder
ich
oder wir
gibt
in den Augen der Menschen

warum
kann ich nicht ich sein
und dennoch
mit dir gemeinsam?

ENTSCHLAFEN

mein Gefühl für dich
ist verblichen
nicht rasend wie ein Buschfeuer
sondern langsam erloschen

es fühlt sich komisch an
tut noch nicht einmal weh

Totes
kennt keinen Schmerz

ANGRIFF

das Wort
ausgesprochen
kam falsch an
war nicht so gemeint

der Satz
lockt Erinnerungen hervor
lässt alte Muster auftauchen
schmerzt

nicht so gemeint
doch als Angriff gewertet
überreagiert
Gegenangriff gestartet

die neue Beziehung
in alten Strukturen verfangen
Verteidigung aufgebaut
gegen den Angriff gewappnet

unangreifbar
hinter Mauern verborgen
wartet meine Seele
auf den Angriff
der sie
wieder spüren lässt

ICH WILL LIEBEN

Liebe
wie sie ist
geknüpft an Bedingungen
gebunden an Erwartungen
getragen von Hoffnungen

Liebe
wie ich sie gerne hätte
unzugänglich und frei
ungebändigt und stark
unaufhaltsam und glühend

es ist möglich -
lieben ohne zu wollen
lieben ohne einzusperren
lieben ohne aufzugeben

meine Seele
ist gemacht dafür
freut sich an dieser Aufgabe
und wächst daran

WEGE

ANLEHNEN

ich wünsche mir jemanden
um mich anzulehnen
mein Inneres auszudehnen
mich nach Größerem zu sehnen
in den Grundlagen zu wühlen
mich lebendig zu fühlen

ich wünsche mir jemanden
um mich fallen zu lassen
neuen Mut zu fassen
an Ungewohntes anzupassen
Rückhalt zu geben und zu finden
mich an das Leben zu binden

ich wünsche mir jemanden
um den Geist zu entspannen
störende Gedanken zu bannen
meine Sehnsucht zu fangen
die Seele zu baumeln
nicht umherzutaumeln

ich wünsche mir jemanden
der sich anlehnt bei mir
dem großen behäbigen Stier
dem kleinen zotteligen Tier
der an meiner Seite steht
der mit mir durchs Leben geht

MEIN SCHATTEN

mein Schatten
begleitet mich
weil die Sonne mich bescheint
fällt hinter mich
geht vor mir
oder an meiner Seite
verlässt mich nicht
auch wenn es regnet
ist in mir
wartet auf seinen Auftritt

weist mir den Weg
zeigt mir die Richtung
nach Westen
ans Meer
wo die Sonne untergeht

nachts gibt es Schatten dort
wo Menschen sind
Lampen, Licht, Laternen

Sterne werfen keinen Schatten auf mich
sie erheben mich in den Raum
machen mich leicht und frei
offen für die Unvergänglichkeit
die Stärke des Lebens
und der Seele

mein Schatten
doch, er begleitet mich auch nachts
tief in mir
eingebettet
gefangen
unbewusst

ihn ins Bewusstsein bringen
mich ihm stellen
in mein Leben holen

ihn akzeptieren
als Anlass zur Veränderung nehmen
mich mit ihm versöhnen
zum Positiven wandeln
von ihm lernen

mein Schatten -
so nötig wie das Licht

WIE OFT

wie oft
habe ich
zu lang
nach dem richtigen Ausdruck gesucht

wie oft
ist die Gelegenheit verstrichen
das zu sagen
was mich bewegt

wie oft
hätte ich meine Welt ändern können
durch den Mut
mich auszudrücken

wie oft

MUSTERHAFT

du benimmst dich
mustergültig
glänzst
wirst als Vorbild gesehen

du beträgst dich
musterhaft
verbreitest Sicherheit
und Gelassenheit

du funktionierst
musterförmig
fällst niemals aus
wirkst zuverlässig und stark

du legst
vollkommene Muster an

und setzt dich hierdurch
selbst in Haft

ENTSCHEIDUNG

"Entscheide dich!"
wurde ihr gesagt

als ob das so einfach wäre

Entscheidung
Ent-Scheidung
Scheidung
Scheideweg

an einer Lebenskreuzung
verstecken sich viele Chancen
einen richtigen Weg
gibt es nicht
auch keinen falschen
jeder führt weiter
doch
entschieden muss werden
welcher zu verfolgen ist

Entscheidung
Ent-Scheidung
End-Scheidung
Ende

eine Entscheidung
kann immer nur
aus dem aktuellen Wissen
getroffen werden
ob sie sich
am Ende
als richtig erweist
das
steht auf einem anderen Blatt

Entscheidung
Ent-Scheidung
Scheidung
Trennung

Entscheidung
bedeutet immer auch
Zurücklassen des bisher Gelebten
Auslassen anderer Möglichkeiten
Zulassen von Statik und Veränderung

"Entscheide dich!"
wurde ihr gesagt

sie dachte nach
lange
gründlich
abwägend
und
wurde nicht schlauer
kam nicht weiter
steckte fest an der Kreuzung

sie entschied nicht
oder jedenfalls nur halb

ihre Begleiter
gingen vorüber
überholten sie
ließen sie zurück
jeder auf seinem Weg

und sie -
sie konnte sich nicht entschließen
ihren Weg zu gehen
oder zumindest
einem anderen Weg zu folgen

schade

"Entscheide dich!"
wurde ihr gesagt ...

... ihre
nicht entschiedene
Entscheidung
schied sie
von
aller
inneren Entschiedenheit
und so
ging sie
ihren Weg
nie zu Ende

ENTTÄUSCHUNG

Ent-Täuschung erleben
bedeutet
Wirklichkeit erfahren

ECKEN UND KANTEN

„Deine Ecken und Kanten
müssen abgeschliffen werden!"
hörte sie immer wieder

und sie floh
denn das wollte sie nicht

sie wollte ihre Ecken und Kanten
behalten
denn
nur durch sie
findet sie Andockpunkte
an andere Menschen
nur durch sie
verrutschen
die menschlichen Puzzleteile nicht
sondern greifen ineinander
verhaken sich
und formen das Gesamtbild

würden diese Ecken abgeschliffen
dann
rutschten
die Teile voneinander ab
verlören sich
drifteten auseinander

und das Bild
wäre Vergangenheit

GEWISS

gewiss
grübele ich oft
über Entscheidungen

gewiss
freue ich mich oft
scheinbar grundlos

gewiss
weine ich oft
über verpasste Gelegenheiten

gewiss
mache ich mir oft Gedanken
über meine Ziele

gewiss
benötige ich oft
viel Zeit für mich

gewiss
weiß ich oft
über gefragte Dinge Bescheid

gewiss
empfinde ich mich oft
nicht als einfach

gewiss
bin ich oft
nicht zufrieden

gewiss
denke ich oft
es gibt klarere Menschen als mich

gewiss
bemerke ich oft
Ungereimtheiten in meiner Umwelt

gewiss
brauche ich oft
Rat und Tat von Freunden

trotz all dieser Gewissheiten
empfinde ich mein Leben immer
als ungewiss

BESTIMMT

bestimmt
wird
über dich
dein Leben
deine Zeit

vor-bestimmt
scheint
dein Lebensplan
dein Weg
deine Pflicht

bestimmt
ahnst du dennoch
wo dein Weg verläuft
welches deine Aufgaben sind
wie du sie anzugehen hast

bestimmt
solltest du
dieser Ahnung folgen
auf deine innere Stimme hören
dein Ziel erspüren

denn bestimmt
musst du
deine Bestimmung erfüllen
um
ein zufriedener Mensch
zu sein

IN MIR

in mir
liegen
Gefühle
Gedanken
Intuitionen
im Widerstreit

sie lassen sich nicht ordnen

das Gefühl
hüpft von einem Extrem ins nächste
wogt in einem fabelhaften Hin und Her

die Gedanken
schwanken von links nach rechts
drehen sich im Kreis

die Intuitionen
weisen in verschiedene Zukünfte
möchten sich nicht festlegen

in mir
herrscht Chaos
das zur Entscheidung reifen soll

in mir drin
weiß ich nicht
welcher Weg der richtige ist
welchen Pfad ich wählen soll
welcher ins Dickicht führt
und welcher in die Freiheit

in mir
hätte ich gerne
ein Bild von mir
das mir gefällt
dem ich nachstreben kann

dieses Bild
gilt es zu formen
zunächst
in mir
dann sichtbar
für alle Anderen

nur wenn
ich mich kenne
mir vertraue
in mir bin
kann ich
auf Andere zugehen
Freude bereiten
Licht ins Dunkel bringen

um
mich kennenzulernen
müsste ich mich
vertiefen
in mich
und dennoch
den Kontakt
zur Außenwelt
bewahren

um
neue Impulse aufnehmen zu können
mich den Anforderungen stellen zu können
nicht in mir steckenzubleiben

und so
endgültig
in mir ruhend zu sein
in mir zu sein
ich zu sein

DAZWISCHEN

ich sitze dazwischen
zwischen den Stühlen
die mich nicht mehr tragen wollen
im Zwischenraum
der unendlich tief scheint
ohne Grund und Boden
haltlos

ich stehe dazwischen
zwischen den Menschen
die ich nicht verstehen kann
in ihrer anderen Welt
die sich unterscheidet von meiner Welt
schneller und kälter
gefühllos

ich spüre dazwischen
zwischen die lauten Bekundungen
die mir das Trommelfell zerreißen
in die leisen Untertöne hinein
die so viel verraten
über das Innere meines Gegenübers
willenlos

ich denke dazwischen
zwischen die Zeilen
die mir die Wirklichkeit erklären wollen
zwischen die vorlauten Unterweisungen
die mich mundtot machen wollen
mir die eigene Meinung ausreden möchten
vorbehaltlos

ich will dazwischen
in diesen Zwischenraum
der Gefahr und Chaos ist
in den luftleeren Raum
in dem Flügel wachsen können

in dem ich mich
entfalten
oder
fallen kann

vorwarnungslos
für welche Richtung
es sich entscheiden wird

inzwischen

AUFGEBEN

aufgeben
gilt nicht

den Kopf in den Sand stecken
sich verkriechen
Niedergeschlagenheit zulassen
hilft nicht weiter

die Aufgabe
aufgeben
ist zu einfach
führt nicht zum Ziel

auch ein Paket
muss erst aufgegeben werden
ehe
es ankommen kann

SAUMSELIG

saumselig bist du -
gehst am Wegessaum entlang
und bist selig
weltenrückt

siehst die Wolken
am Himmel
riechst die Blumen
am Feld
hörst das Rauschen
der Bäume
tastest die Struktur
der Steine
schmeckst das Wasser
der Quelle
spürst den Wind
auf der Haut

mit allen Sinnen
nimmst du
deine Umgebung auf
erfasst sie
machst sie dir zu eigen
integrierst sie
in dein Ich
deinen Horizont
erweiternd

saumselig bist du -
gehst am Wegessaum entlang
und bist selig
weltumspannend

VERLOREN

habe mich verloren, unterwegs
irgendwann
irgendwo
irgendwie

bin auf der Suche nach mir
habe vergessen
nach innen
statt nach außen
zu blicken

DUNKELHEIT

Dunkelheit breitet sich um mich aus
es wird Nacht
die Finsternis eilt heran
mit ihren Höllenwölfen

ich blicke mich um
nirgendwo ein Licht
alles dicht und starr
beklemmend und furchterfüllt

mein Herz gerät in Panik
mein Geist weigert sich zu denken
meine Seele zieht sich zurück
mein Ich gleitet von mir fort

dunkel wird es auch in mir
allein und einsam bin ich
verlassen, kraft- und mutlos
werde klein und erbärmlich

bis ein Fünkchen Lebensmut
den Überlebenswillen anschürt
und ein winziges Licht verbreitet
das mir den Weg zeigt

ANKUNFT

GLÜCK

das Gänseblümchen
auf der Wiese
betrachten

sich in den Bussard
am Himmel
einspüren

den Wind
auf der Haut
Märchen erzählen lassen

mit den Sternen
im All
durch die Geschichte streifen

Momente des Glücks
strahlender
als laut verkündete Ereignisse

BAUM

groß
knorrig
breit
lebendig
stabil
mächtig
frisch
bunt belaubt
blühend
Frucht tragend
rauschend
im Wind wiegend
Schatten spendend
tief wurzelnd
grün
fest verankert
wachsend
elastisch
Vertrauen erweckend
stark
hoch
großkronig
absterbend
Furcht einflößend
Respekt verlangend
würdevoll
harmonisch
verwunschen
Rohstoffe gebend
frei
vertraut
Wasser pumpend
mystisch
freundlich

unendlich
viele Worte
doch nichts
beschreibt dich
richtig

ALLTAG

ein
ganz gewöhnlicher Tag
Frühstück gemacht
die Wäsche gewaschen
zur Arbeit gegangen
der Nachbarin zugelächelt
Lebensmittel eingekauft
die Kinder versorgt
das Geschirr gespült
im Buch gelesen
zu Bett gegangen

und
dabei
in den Himmel geblickt
Wolkengebilde erdacht
die Weite des Kosmos erahnt
die Sonne gefühlt
über das Sein sinniert
philosophischen Gedanken nachgespürt
die Sterne betrachtet
über die Unendlichkeit gestaunt
die Ewigkeit im Augenblick getroffen

All-Tag
eben

MEINE MAUERN

die Mauern
um mich herum gewachsen
schützen mich
vor Verletzung
lassen niemanden
an mich heran

die Mauern
um mich herum entstanden
halten Abstand
zum Rest der Welt
bewahren mich
vor dem Leben

die Mauern
um mich herum aufgebaut
sind zu hoch
als dass ich
darüber
hinwegblicken könnte

die Mauern
sie engen mich ein
umgürten mich
grenzen mich aus
machen mich lebensfähig
und krank

die Mauern
habe ich selbst errichtet
sie schirmen mein Dasein
vor den Erdensplittern ab
lassen Gefühl nicht hinein
und Intuition nicht hinaus

meine Mauern
sorgen für Ferne
bemühen sich um Kälte

und Bestehen
bis
meine Lebensflamme
ohne Nahrung
verlischt

WIRBELSTURM

mein Leben wird durcheinandergewirbelt
wie Sand bei einem großen Sturm
nichts mehr zu hören
Augen und Mund fest verschlossen

gewaltige Kräfte
entfesselt, wild und frei
tanzen durch den Raum
ungestüm und unbezähmbar

ich versuche zu bestehen
mich nicht fallen zu lassen
mich zu schützen mit den Händen
taumelnd und nahe dem Abgrund

ohne einen Weg zu sehen
kämpfe ich mich voran
durch Gefahr und Chaos
orientierungslos

bis ich im Zentrum bin
zufällig und erstaunt
wie ruhig es dort ist
mitten im Sturm

ANKUNFT

bin extra früh aufgebrochen
habe mich beeilt
bin gehetzt
um bald anzukommen

nun sitze ich hier
unruhig
und warte
dass meine Seele nachkommt

TRAUER

Trauer in mir
mein ganzer Körper weint

Trauer in mir
meine Seele ist einsam

Trauer in mir
mein Geist begreift nicht

Trauer in mir
tief eingebrannt

auch
durch viele Tränen
nicht zu löschen

PURZELBAUM

ein Purzelbaum
auf der grünen Lichtung
als Ausdruck
der Lebensfreude

die Bäume
purzeln
tatsächlich
um mich herum

und stehen dennoch
fest verwurzelt
in ihrem Dasein

FRIEDE, FREUDE, EIERKUCHEN

Friede, Freude, Eierkuchen -
willst du es nicht mal versuchen?

Harmonie ist rundherum,
alles Andre wäre dumm.

Reibungen, Konflikt und Streit -
du glaubst doch nicht, dass das befreit?

Stillstand ist das wahre Ziel,
alles Andre ist zuviel!

Anstrengung im wahren Leben
können sich ruhig Andre geben.

Ich bleibe hier an meinem Platz,
warte, sterbe – aus der Satz.

TOD

das Leben
ist gewaltiger
als der Tod
dennoch
kann man
aus dem Leben
gerissen werden

die Liebe
ist stärker
als der Tod
dennoch
kann man
aus Liebe
sterben

der Tod liebt das Leben
mitten im Leben liegt der Tod
aus dem Tod entsteht neues Leben
durch die Liebe

Tod im Leben
Leben im Tod
Tanz mit dem Tod
den Tanz der Liebe
wie die Drohnen
des Bienenstocks

der Tanz
ist das Gebet
der Füße
Richtung Auferstehung

DANKE

viele Dinge
habe ich bereits gesehen
schöne
traurige
wohltuende
verletzende
ästhetische
chaotische
lebendige
verhängnisvolle
farbige
kontrastreiche
gesunde
kränkende

nur einige Aspekte
aus meinem Leben

sie haben
mich geformt und geprägt
mich zu dem gemacht
was ich bin
wie ich bin
wer ich bin

... vielen Dank
dass ich all dies
ohne Unterschied
erleben durfte

Alexandra Jabinger, geboren 1973 in München, lebt in Bayern und ist in
Festanstellung tätig. Sie studierte Mathematik sowie
Landschaftsarchitektur und besucht(e) verschiedene Fortbildungen in
Pflanzenheilkunde, Traditioneller Medizin und Tanztherapie.
Der vorliegende Band ist ihr Erstlingswerk.

Alle Bilder stammen von der Autorin.